AF330683

ILICATION DE LA SOCIÉTÉ DE St-VICTOR.

LÉGENDE

DE

AINTE TANCHE.

APPROBATION.

Hugues-Robert-Jean-Charles DE LA TOUR – D'AUVERGNE – LAURAGUAIS, par la miséricorde de Dieu et la grâce du Saint-Siége apostolique, cardinal-prêtre de la sainte Église romaine, du titre de Sainte-Agnès *extra mœnia*, évêque d'Arras, grand'croix de l'ordre de la Légion-d'Honneur, décoré du pallium.

Rien ne s'oppose à la publication des *Légendes* : 1° de *sainte Geneviève*, par M. l'abbé Beaussire ; et 2° de *sainte Tanche*, vierge et martyre au -diocèse de Troyes. Les merveilles qui y sont rapportées paraîtront peut-être assez extraordinaires, mais des faits à peu près semblables se lisent dans d'autres vies de saints autorisées, et de plus elles sont données ici comme appuyées sur des traditions et des témoignages respectables.

Arras, 1ᵉʳ mars 1850.

Ch. card. DE LA TOUR-D'AUVERGNE-
LAURAGUAIS,
Evêque d'Arras.
Par mandement,
TERNINCK, ch., sec.-gén.

LÉGENDE

DE

SAINTE TANCHE

Vierge et martyre.

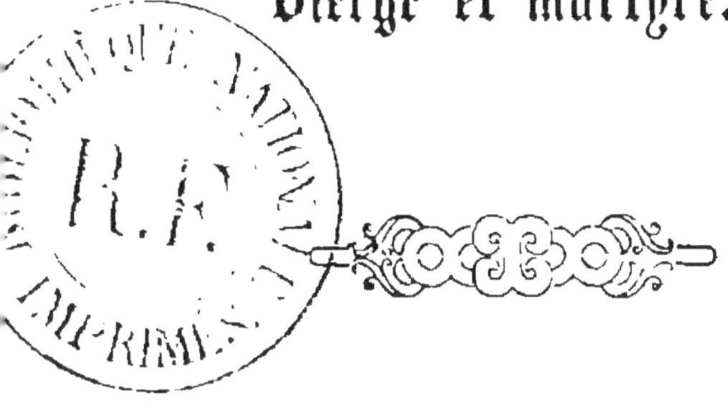

PLANCY :

Société de St-Victor,
pour la propagation
des bons livres.

PARIS :

V. — A. Waille,
éditeur, faub. St-Germ.,
rue Cassette, 6.

1850

Arras. — Typ. E. Lefranc et Cie.

LÉGENDE

DE

SAINTE TANCHE.

En l'année 637 de notre Seigneur,
la deuxième du pontificat d'Honorius,
et la vingt-huitième de l'empereur
Héraclius, la ville d'Antioche, une des
plus fameuses de tout l'Orient, tomba
au pouvoir des Sarrasins. La Syrie
entière, horriblement ravagée par ces
barbares, n'offrit bientôt plus que des
ruines ; et la tyrannie musulmane pesa
ensuite sur ce pays malheureux pendant cinq siècles encore. Jérusalem,
Alexandrie, une multitude d'autres

cités, éprouvèrent les mêmes désastres. Alors les fidèles serviteurs de Jésus-Christ, désertant des contrées où il ne leur était plus possible de vivre conformément à leur croyance, vinrent demander un asile à la terre d'Occident, emportant avec eux les restes vénérés des saints leurs aïeux. La France surtout les accueillit à bras ouverts; aussi ce noble empressement à recevoir dans son sein les confesseurs de la foi, les enfants de Dieu persécutés, lui valut-il le glorieux surnom de Trésorière du ciel

Au nombre de ces pieuses familles d'émigrants se trouvait, suivant certains légendaires, la famille de sainte Tauche. Elle choisit, disent-ils, la Champagne pour patrie d'adoption, et vint s'établir dans la petite ville d'Arcis-sur-Aube et aux environs. Mais, si nous en croyons d'autres récits qui nous semblent mieux informés, la famille de notre sainte était d'origine gauloise, dès longtemps établie au centre de cette province. Nous suivrons cette version. Les parents de Tanche, illustres selon le monde, l'étaient bien plus encore selon Dieu. Méprisant les grandeurs et les vanités humaines, ils vivaient solitaires au milieu des campagnes. — La culture de leur patrimoine remplissait, avec la prière et les bonnes œuvres, tous les instants de leur vie, précieuse aux yeux du Seigneur. Vous eussiez cru revoir une de ces antiques maisons de patriarches telles que nous en fournit l'Ecriture.

Tanche était donc née à Saint-Ouen au diocèse de Troyes [1], dans les en-

[1] On lit ce nom dans Desguerrois et .

virons d'Arcis, vers l'an 620 de l'ère chrétienne. Le premier soin de ses parents fut de présenter aux fonts sacrés du baptême l'enfant que leur avait donné le Ciel. Leur foi, pure, éclairée, leur avait appris combien la vie spirituelle que le chrétien puise à cette source divine est supérieure à la vie matérielle que nous recevons en naissant. Ils lui donnèrent pour père en Jésus-Christ un fidèle serviteur de Dieu, lié à leur famille, habitant la petite ville d'Arcis, et qui fut heureux de tenir au saint baptême une enfant que devaient illustrer tant de vertus.

dans les légendaires qui l'ont copié. Mais on ne connaît dans l'arrondissement d'Arcis aucune localité de ce nom. On croit qu'il y a là une faute et qu'il faut lire le village de Trouan, qui existe encore, divisé en deux parties, le grand et le petit Trouan.

Issue de parents, sinon confesseurs de la foi, du moins animés du même esprit qui fait les martyrs, Tanche apprit de bonne heure à préférer les biens du ciel à ceux de la terre. Les sentiments de la piété chrétienne se gravèrent dans son cœur dès ses plus jeunes années. — Au reste, son père et sa mère, intimement persuadés que les choses en apparence les plus indifférentes influent puissamment sur l'âme de l'enfant, se firent un devoir plus rigoureux encore de ne rien offrir aux premiers regards de leur fille bien-aimée qui pût faire sur elle une impression funeste. Leur vie, simple comme celle des saints de la loi ancienne, pure comme celle des premiers chrétiens, frappa dès le berceau l'enfant bénie dont Dieu leur avait confié la garde. — Le matin la prière se faisait en commun; puis chacun se rendait aux travaux des champs; le soir on se réunissait encore, et tous ensemble bénissaient Dieu des bienfaits de la journée. Le chef de la famille instruisait ses serviteurs; il donnait à toute sa maison l'exemple de la vertu, d'une piété sincère, d'une ardente dévotion. Inspirer à ceux qui l'environnaient la crainte de Dieu, l'horreur du mal, l'amour de Jésus, la fidélité à ses divins préceptes, la charité pour le prochain, la simplicité du cœur, l'innocence de la vie, tel était le premier de ses soins, et telles furent aussi les premières leçons que reçut Tanche sous le toit paternel.

Aussi Dieu bénit ces saints efforts. La jeune enfant, fortement prévenue de la grâce d'en haut, annonça dès lors ce qu'elle serait un jour, un ange de pureté en cette terre de corruption. Son ardeur pour le bien ne connaissait pas de bornes. Elle avait la douceur de la colombe ; elle brillait parmi les hommes comme le lis au milieu des épines. La modestie de son regard chassait bien loin toute pensée profane ; son cœur, consacré sans partage à Jésus-Christ, était fermé pour jamais aux faux plaisirs de la terre. On sentait en la voyant que le Seigneur faisait ses délices d'habiter en une âme aussi pure, et la sérénité de ses traits était la preuve la plus éloquente de la paix de son cœur.

Elle aimait surtout la solitude, parce que dans le silence elle pouvait plus librement converser avec son bien-aimé. Quelquefois pourtant on la voyait se livrer aux jeux de l'enfance, dans la société des jeunes filles de son âge ; mais alors ses paroles étaient si innocentes, ses manières si douces, si prévenantes, qu'elles portaient l'édification et l'amour de la vertu dans tous les cœurs. Aussi était-elle tendrement aimée de tous ceux qui la connaissaient. On admirait ses rares qualités, on vantait la pureté de son visage, la délicatesse et l'élégance de toute sa personne.

Ses parents étaient ravis de sa vertu, de son obéissance, de sa douceur. Attentive à deviner jusqu'à leurs désirs, elle les servait avec révérence et humilité. Jamais elle ne leur donna le moindre sujet de peine et de déplaisir. Et cependant le soin des choses de la terre ne détournait aucunement ses pensées des choses du ciel ; sa ferveur ne se ralentit en rien. Toujours elle

avait présent à l'esprit le souvenir de
celui que son cœur aimait. Elle se
sentait émue jusqu'au fond de l'âme
à l'aspect d'un malheureux ; elle arrê-
tait les voyageurs pour leur offrir le
repos et l'hospitalité. Elle était pru-
dente en son conseil, constante en la
vérité, retenue dans ses désirs, sobre
dans le boire et le manger, grave
comme il convient à un chrétien : en
un mot, toute son étude était de s'ap-
pliquer à retracer dans sa vie les
exemples des saints.

Instruite à l'école de cet esprit de
sainteté qui fait les vierges, Tanche
trouvait dans la pureté surtout des
charmes ineffables. Ayant lu que l'au-
guste Mère de Dieu s'y était vouée
dès l'enfance, elle résolut de marcher
sur les traces d'un si parfait modèle.
Elle consacra donc, sous les auspices

de Marie, sa virginité au Seigneur. Et dès lors comprenant qu'elle est plus que jamais étrangère à ce monde, elle redouble de vigilance sur elle-même. Elle se dérobe le plus qu'il lui est possible à toute société profane, se créant un désert au milieu des hommes, et ne voulant pour témoin de ses actions et pour confident de ses pensées que le céleste époux qu'elle avait choisi pour son partage.

Si les auteurs de ses jours lui eussent permis de s'abandonner sans réserve à la noble ardeur qui l'enflammait, elle eût peut-être outrepassé les bornes et fatigué sa santé. Mais la faiblesse de sa constitution et son jeune âge leur inspiraient de justes craintes pour leur enfant chérie. Ils crurent même nécessaire de distraire l'esprit de Tanche de ses méditations

continuelles en la chargeant des soins
de la maison. Et toutefois, telle est la
puissance de l'amour divin sur un
cœur, que, loin de s'affaiblir par les
obstacles qu'on essaie de lui opposer,
il semble au contraire prendre tous les
jours de nouveaux développements.
Tanche croissait donc en âge et en
vertu devant Dieu et devant les
hommes. La pensée de l'aimable Jésus
ne la quittait pas un seul instant; toujours aussi elle se remettait devant les
yeux les admirables exemples de la
Vierge Marie, qu'elle avait prise pour
protectrice et pour modèle. Son oraison n'était jamais interrompue. Telle
la fumée de l'encens s'élève vers le
ciel, embaumant les airs des plus
suaves odeurs, telle la prière inces-
sante de la sainte monte jusqu'au
trône de Dieu, avec le parfum le plus

exquis. — Car chacun de ses actes est un acte d'amour de Dieu, chacun de ses pas un soupir brûlant vers le Seigneur, puisqu'en toutes choses elle ne cherche que Jésus, son divin maître et son céleste époux.

Souvent elle se plaisait à redire avec l'Apôtre : Nous n'avons pas ici de cité permanente ; ce monde n'est pour nous qu'un exil ; c'est un lieu de passage : notre patrie véritable est au ciel. Mon âme est au Seigneur, disait-elle encore, et mon repos est en Dieu. Celles de ses jeunes compagnes qui avaient le bonheur de vivre avec elle se sentaient si fortement touchées de ses discours et de ses exemples, que, toutes honteuses d'être encore vaines et frivoles, elles juraient de renoncer comme leur pieuse amie aux jouissances mensongères de cette terre.

Quand notre sainte se trouvait en présence du pauvre et de l'indigent, oh! c'est alors surtout que se révélait son immense charité. Elle se privait même du nécessaire pour soulager leur infortune, et, lorsqu'elle ne pouvait rien donner, c'était pour son cœur le plus cruel supplice : son âme en saignait de douleur.

Aux jours plus spécialement consacrés à Dieu, vous eussiez vu redoubler sa ferveur; sa prière devenait, s'il était possible, plus continuelle et plus ardente encore. Tandis que beaucoup de ses égales en âge couraient tête baissée se précipiter dans le tourbillon des divertissements du monde, se livrer à des plaisirs toujours funestes à l'innocence, Tanche, silencieuse et recueillie, lisait, méditait; elle repassait les actions de sa vie; elle pleurait les quelques fautes qu'elle croyait avoir à se reprocher; elle se promettait d'être meilleure à l'avenir.

O vie admirable! ô pureté angélique! — Notre jeune sainte a fait à peine les premiers pas dans la carrière de la vie, et déjà c'est un fruit mûr pour le ciel. — Elle ne fait que toucher à sa seizième année, et déjà Dieu se prépare à la retirer du monde, pour lui donner au ciel la place que lui ont méritée ses vertus. Mais avant de parvenir à ce terme bienheureux, quels combats il lui faudra soutenir! Ne les regrettons pas : à la palme de la virginité Tanche joindra la palme non moins éclatante du martyre.

C'était le temps des grandes solennités de l'Église. Celui qui avait tenu Tanche aux fonts sacrés du baptême, un pieux chrétien d'Arcis, parent de la jeune fille, invita ses proches de Saint-Ouen à venir passer près de lui quelques jours. Ils devaient, après avoir sanctifié les bonnes fêtes, se livrer ensemble à d'innocentes récréations, pour resserrer encore les liens d'amitié qui les avaient toujours unis. Ils voulaient se réjouir, mais selon Dieu, comme il convient à des disciples de Jésus-Christ. Le père de Tanche promit de se rendre aux désirs de son parent ; il se mit en marche, accompagné de sa pieuse épouse, et arriva le jour dit à la ville. Ils avaient laissé leur enfant chérie à leur maison des champs, avec la charge d'en surveiller les travaux.

— Soyez les bien-venus, leur dit en les embrassant le digne cousin d'Arcis. Tout est disposé pour la petite fête que je veux vous donner. Et il les introduisit.

Mais quand il vit qu'ils étaient seuls :

— Et ma bien-aimée fille en Jésus-Christ, ajouta-t-il, ne partagera-t-elle pas nos prières et nos innocents plaisirs ? Pourquoi n'est-elle pas venue avec vous ? Pourquoi donc celle qui fait la joie de vos cœurs et la consolation de notre famille n'est-elle pas ici au milieu de nous ? Voilà que toute ma joie se change en amertume, parce que Tanché, que je chéris comme un enfant, est absente de ces lieux, et que mon regard cherche vainement celle dont les vertus seront la plus riche couronne de vos vieux jours.

— Cher cousin, reprit le père de la sainte, nous savons quelle est votre tendresse pour notre enfant ; mais nous l'avons laissée, afin qu'elle prenne garde à nos travaux durant notre absence. Il est bon qu'une main sûre dirige toujours ceux que nous employons. Aussi bien leur peine est-elle plus amère quand personne n'est là pour la partager.

— Qu'à cela ne tienne, s'écrie alors le bon parent. Je veux avoir avec moi ma chère fille ; elle nous édifiera tous par ses pieuses paroles. Il nous la faut envoyer querir.

Et sur-le-champ se présente un serviteur.

—Hâte-toi, lui dit son maître, prends mes meilleures montures, et va-t'en chercher en diligence celle qui doit partager notre joie ; cependant nous allons prier le Seigneur.

L'envoyé part. En quelques moments il a franchi la distance qui sépare Arcis de Saint-Ouen. Il arrive. Tanche, attentive aux soins domestiques, donnait ses ordres à celui-ci ;

elle aidait celui-là dans son travail ; elle avait l'œil à tout.

—Je viens, dit le serviteur, sur l'ordre de votre bon parrain, et avec l'agrément de votre père, pour vous emmener à la ville avec moi ; car mon maître veut que vous aussi preniez part à la fête qui doit avoir lieu. Hâtez-vous ; vous êtes attendue avec la plus vive impatience.

Tanche, surprise de ce message, hésite ; elle s'étonne du commandement qui lui est fait. Osera-t-elle jamais entreprendre ce voyage au travers de campagnes solitaires, en la compagnie d'un homme qui lui est totalement étranger ? Mais la crainte de déplaire à son parent, plus encore de désobéir à la voix de son père, tranche les difficultés et décide son irrésolution. Au reste, le serviteur qui lui est député doit être sûr et fidèle; autrement l'eût-on chargé d'une aussi délicate commission? Et puis Dieu ne l'abandonnera pas dans le danger, car elle s'est confiée dès longtemps à sa protection paternelle. Elle se place sur la monture qui lui est destinée ; le serviteur la précède, et ils se mettent en marche.

Ils avaient cheminé l'espace de deux ou trois mille à peu près ; ils se trouvaient alors en pleine campagne, dans des lieux silencieux et déserts, loin de toute habitation. — O honte ! ô douleur ! Le démon impur s'empare tout-à-coup du compagnon de Tanche. De perfides desseins envahissent son imagination égarée ; il s'y arrête, il y prend un coupable plaisir. Que va devenir la timide vierge, la fidèle servante de Dieu, la chaste épouse de Jésus-Christ ? Car de la pensée à l'acte l'espace n'est pas grand. Des. paroles impudentes viennent frapper les oreilles pures de Tanche; puis une proposition infâme, puis des menaces, si elle résiste. La vierge frémit. La pensée seule du mal a toujours été pour elle un horrible tourment! Et se sentir seule avec sa faiblesse, à la merci d'un misérable!

— Mais elle s'armera d'un saint courage; elle saura repousser l'ennemi, et combattre jusqu'à la mort

— Indigne serviteur d'un maître si vertueux et si bon, s'écrie-t-elle, est-ce bien vous qui osez me tenir un tel langage, à moi que vous devriez encourager au bien? Avez-vous donc perdu la crainte de Dieu et tout respect pour mes parents bien-aimés? Croyez-vous que je consente jamais à devenir la complice de votre infamie? Est-ce pour me perdre dans l'éternité que vous avez accepté la mission de venir me chercher à la maison de mon père ? Désabusez-vous : jamais Tanche, avec l'aide de Dieu, ne cèdera au démon. Plutôt mourir mille fois que d'offenser la plus pure des vertus !

Mais sa parole ferme et sainte ne fait aucune impression sur l'âme corrompue du tentateur. Alors regardant au loin de toutes parts, Tanche examine si peut-être elle n'apercevra pas dans la campagne quelque berger, quelque laboureur qui puisse lui venir en aide. Hélas ! rien ne s'offre à sa vue ; elle est absolument sans défense. Le secours des hommes lui faisant défaut, elle étend vers le Seigneur ses mains suppliantes — O Dieu mon Créateur, s'écrie-t-elle dans sa détresse, vous voyez quels dangers m'environnent. Nul, si ce n'est vous, mon céleste époux, ne peut me prêter son assistance. Je suis seule avec ce méchant, dans des lieux écartés, solitaires : ne m'abandonnez point. — Par votre puissance, par votre infinie miséricorde, je vous en supplie, délivrez-moi des violences de ce suppôt de l'esprit infernal. Envoyez-moi votre ange ; que lui-même il soit mon gardien ; qu'il soit ma force, mon appui, mon soutien. Que la malice ne puisse rien contre la faiblesse ; mais que votre humble servante expire plutôt avec la couronne virginale de l'innocence, et alors je chanterai pendant l'éternité tout entière, en la compagnie des vierges sans tache, le cantique immortel de l'Agneau. O mon Seigneur, recevez mon cœur et mon âme, recevez-les en la société des esprits bienheureux ; je suis à vous : que ce soit sans partage et sans fin.

Tanche allait continuer sa prière ; mais l'infâme valet, plus emporté encore : — A quoi bon ces soupirs et ces larmes, s'écrie-t-il furieux ? Ma patience est à bout... Choisis... De deux choses l'une : ou tu consentiras à ma volonté, ou tu tomberas tout à l'heure sous les coups de ce glaive. J'ai trop attendu, j'ai trop supplié ; prends sur-le-champ ton parti.

— Malheureux, répond la sainte, la crainte de Dieu et le respect que réclame l'innocence ne touchent donc plus votre âme ? Mais je l'ai dit : plutôt mourir que de tomber dans le péché !

Alors le valet se précipite sur la chaste vierge ; il s'efforce de la renverser de dessus sa monture ; mais, plus prompte que l'éclair, Tanche saute du côté opposé ; elle espère se soustraire à la violence par la fuite. Elle court ; elle est atteinte bientôt. Une lutte s'engage : lutte inégale, si l'on considère les forces de la nature, mais terrible si l'on se rappelle que le Seigneur a promis d'être lui-même la force et le soutien de ses fidèles enfants. — O saints anges ! ô Vierge Marie ! ô Jésus, Dieu tout-puissant ! accourez du haut du ciel ; venez assister au combat de l'innocence contre le crime ; venez prêter à la vertu votre secours. — Quel spectacle, ô ciel ! une jeune enfant de seize ans à peine, qui pendant une heure affronte l'impudence d'un monstre à qui l'enfer a soufflé toute sa rage. L'infâme, malgré sa force, n'est pas le maître. Il déchire les vêtements de la martyre ; elle s'efforce de les rassembler. Dans la fureur qui le transporte, il la saisit à la gorge ; elle se dégage de ses mains. Voyant enfin que la vertu est forte comme une armée rangée en bataille, le corrupteur ne se contient plus : il la frappe, il la torture ; du pommeau du glaive il meurtrit son gracieux visage. La victime va consommer son sacrifice sous ses coups redoublés.

— Un sang pur et vermeil s'échappe à grands flots des plaies entrouvertes. La vierge sent s'épuiser ses forces, mais sa vertu ne faillira jamais. Elevant vers le ciel des regards de reconnaissance et d'amour, elle fléchit les genoux ; une dernière fois elle se recommande à Jésus, son divin époux ; elle remet sa belle âme entre les mains du Créateur.... Le misérable venait de brandir son coutelas sur la tête de Tanche ; il l'avait tranchée. Le ciel comptait une sainte de plus, et la terre une puissante protectrice.

Mais la peine suivit de près le crime. Le meurtrier disparut sur l'heure même. On dit que le démon se saisit aussitôt de sa proie. Ce qu'il y a d'avéré, c'est qu'il ne reparut jamais.

Or, la courageuse martyre fut glorifiée par le Seigneur de la manière la plus éclatante. Le glaive avait séparé son chef vénérable du reste du corps ; mais, par un prodige admirable, disent ici tous les légendaires et tous les monuments du pays, Tanche se lève ; elle prend entre ses mains sa tête encore sanglante, elle se met en marche dans la direction du village prochain nommé Lhuître. Le Ciel même dirigeait les pas de sa servante ; elle s'avance l'espace d'une lieue environ. Arrivée sous l'ombrage d'une grosse aubépine qui se trouvait au milieu de la campagne, elle s'arrête et dépose son fardeau. O lieux fortunés ! c'est là que repose le précieux corps d'une humble et chaste vierge, que l'esprit séducteur n'a pu vaincre

Tanche expira près du buisson d'aubépine où elle s'était arrêtée. — Mais qui lui rendra les honneurs de la sépulture ? Les hommes dans le monde se préparent à grands frais des tombeaux où seront déposés après leur trépas leurs restes mortels. La foule s'empresse à leurs convois pompeux au jour des funérailles. Des parfums embaument leurs cadavres ; on les enveloppe dans les linceuls les plus fins ; une triple enceinte essaie de soustraire leur pourriture aux reptiles et aux vers. Puis on élève, sur les six pieds de terre qui recouvrent leur néant, d'orgueilleux mausolées chargés de redire aux siècles à venir ce qu'ils furent. Les saints amis de Dieu souvent n'ont rencontré personne qui voulût bien leur rendre le dernier devoir. Le corps sacré de Tanche reste étendu sur le gazon, dans la plaine où elle s'était arrêtée. Mais Dieu pourvut lui-même à la sépulture de sa servante; et, de même que la sainte n'avait jamais permis que l'homme portât sur elle une main profane, le Seigneur ne permit pas non plus que la main de l'homme ensevelît ses précieuses reliques. Ce furent, comme pour la grande sainte Catherine, les anges, ces esprits bienheureux dont la vierge avait si parfaitement imité les chastes vertus, que Dieu chargea de ce pieux devoir. Ils quittèrent un moment les splendeurs éternelles des cieux pour descendre près de l'humble retraite où reposait la martyre, et ils disposèrent sa sépulture.

Il est indigne que le tombeau des
saints soit profané. La providence divine pourvut à ce que celui de Tanche
ne le fût pas. Dieu ne put souffrir que
la charrue passât jamais sur le lieu vénérable où reposaient les reliques sacrées de la sainte, ni que les animaux
des champs s'y arrêtassent pour y
prendre leur repos. Sa puissance est
sans borne comme sa bonté. Il aime
tous les hommes, mais il a pour ceux
qui le servent des regards de prédilec-
tion. Il voulut que tous comprissent
quelle estime il fait des cœurs innocents,
des âmes vierges... Contre toutes les
lois de la nature, il fit sur-le-champ
croître autour du sépulcre de la martyre des plantes vivaces et touffues, des
buissons d'épines sauvages et d'églan-
tiers, destinés à défendre le lieu où
avait succombé sa fidèle servante. —

On était pourtant au dixième jour d'octobre, temps où la végétation est déjà loin ; la terre refroidie ne produit plus ; sa vigueur est anéantie ; c'est l'époque où les arbres, privés des sucs ordinaires, devenus plus rares, perdent leur ombre et leur feuillage ; c'est la saison du repos et du sommeil pour la nature. Mais rien n'est impossible à Dieu quand il veut glorifier ses saints.

Les prodiges devaient se multiplier autour du tombeau de Tanche. Plus d'une fois on vit de brillants flambeaux éclairer la campagne et les vallons prochains ; des malades en passant près de ce lieu trouvèrent subitement la guérison : enfin des miracles sans nombre s'y opérèrent, sans que l'on sût précisément à quelle vertu les attribuer.

Mais après quelque temps Dieu vou-

lut révéler aux habitants de ces contrées quel trésor précieux était ense-
veli dans leurs terres. Il envoya une
vision céleste à un homme selon son
cœur, qui demeurait en la petite ville
d'Arcis-sur-Aube. Par deux ou trois
fois différentes il lui commanda de s'a-
cheminer en la vallée de Lhuitre pour
y recueillir le corps de sainte Tanche,
enfoui dans un lieu désert, ombragé
de ronces et d'épines, et pour rendre
à ses restes vénérables les honneurs
dus à la vertu. Longtemps le serviteur
de Dieu douta ; il craignait que ce
qu'il pensait être une révélation céleste
ne fût une illusion de l'enfer. Il prit
donc conseil d'un saint prêtre qui ha-
bitait la même ville ; et l'homme de
Dieu jugea que le parti le plus sûr
était de recourir au Père des lumières
et de lui demander à lui-même ce

qu'il était prudent de faire. Tous deux se mirent en prière. Cependant le ministre des autels conseilla au pieux chrétien de se purifier de ses fautes au tribunal sacré, de faire un jeûne de plusieurs jours, de s'approcher en toute dévotion de la table sainte..., Dieu fit connaître au saint homme que les avis du prêtre lui étaient agréables, et qu'il se gardât bien de rien omettre de ce qui lui avait été prescrit. Ce que sachant l'un et l'autre, ils résolurent de se soumettre sans plus tarder à la volonté céleste, redoutant par-dessus tout de déplaire au Seigneur par un plus long délai, et de laisser inconnu par leur négligence un trésor aussi riche que celui que le Tout-Puissant voulait manifester aux hommes. Donc, montés sur un humble chariot, pleins de confiance en la miséricorde de

Dieu, et se remettant en toutes choses entre ses mains puissantes, ils partent. — Ils ne savaient quelle direction prendre pour arriver sûrement à l'endroit où reposaient les reliques sacrées de la vierge ; car, avec les années, le buisson était devenu bocage, et rien ne rappelait au voyageur ni le lieu ni le souvenir d'une mort aussi précieuse devant Dieu. — Mais le Ciel avait envoyé son ange, qui dirigeait sans qu'ils le sussent les deux pèlerins, et qui leur inspira de s'arrêter précisément dans la plaine où Tanche avait été ensevelie. Arrivés dans ce vallon béni, ils descendent, ils creusent, invoquant la miséricordieuse bonté du Seigneur et le suppliant de seconder leurs efforts. Bientôt quelque chose se montre à leurs regards ; c'est un corps pur et vermeil ; ils ont trouvé la perle inestimable dont le Ciel leur avait révélé l'existence.

Un malheureux n'éprouve pas autant de joie à l'aspect de l'or qui va l'enrichir, qu'en éprouvèrent les deux serviteurs de Dieu à la vue des reliques sacrées de Tanche. Ce corps saint, merveilleusement conservé, leur apparut brillant et sans tache ; la tête était entière, et de la tombe entr'ouverte s'exhalait un parfum aussi suave que le parfum des cieux. Transportés de joie et de reconnaissance, ils remercient le Seigneur du plus profond de leur âme, et se préparent à transporter en l'église d'Arcis leur précieuse découverte. Ils placent donc sur leur chariot les reliques vénérées, puis, retournant sur leur pas, ils prennent la direction de la vallée de Lhuître. — Mais à peine arrivés devant l'humble

sanctuaire de ce village, ils se voient
arrêtés tout court ; les animaux qui le
conduisent refusent, malgré l'aiguillon,
de passer outre. La nuit cependant
commençait d'étendre ses ombres sur
la plaine. Par une permission du Ciel,
les deux voyageurs s'endorment tout-
à-coup du plus profond sommeil. Ils
passèrent ainsi le temps du repos....
Et quand vint le jour, et que les pieux
compagnons s'éveillèrent, ô prodige
ineffable ! l'aiguillon qu'ils avaient
planté la veille en terre était couvert
de feuillage ; il était ombragé de trois
branches pleines de sève et de vie....
Dieu manifesta-t-il jamais sa volonté
sainte d'une plus éclatante manière ?
Ce nouveau miracle était une preuve
infaillible que Tanche voulait voir ses
saintes reliques en l'église de ce lieu.
C'est aussi ce qui s'exécuta sur l'heure

même, et le corps sacré de la martyre fut déposé dans le temple modeste qu'elle-même avait bien voulu se choisir…. Ainsi ce furent deux fervents chrétiens d'Arcis que le Ciel jugea dignes d'être pendant quelque temps dépositaires du riche trésor qu'il leur avait révélé ; mais ce fut le petit village de Lhuître qui eut l'insigne honneur de le posséder en son sein….. Et c'était justice, puisque la vierge avait souffert non loin de là pour l'amour du Seigneur et le triomphe de l'innocence. Quant à l'aiguillon merveilleux, Dieu lui donna de croître et de se développer ; bientôt il devint un grand arbre et il subsista des siècles. Les anciens du lieu conservent une pieuse tradition qui rapporte que, souvent abattu, il renaissait toujours, comme si Tanche eût voulu qu'il servît à jamais de monument pour rappeler à ses campagnes ses combats et sa gloire. Mais aujourd'hui le voyageur chrétien le cherche vainement. L'impiété d'un siècle maudit a porté sur lui la cognée, et, peut-être en punition de quelque faute, Dieu ne l'a plus défendu.

Afin que la dévotion des fidèles envers sainte Tanche se fortifiât et s'accrût tous les jours, Dieu la rendit célèbre par une multitude de miracles. Ils se multiplièrent même à un tel point, qu'on accourait de tous côtés à son tombeau. Les infirmes y recouvraient la santé, les aveugles l'usage de la vue, les boiteux s'en retournaient guéris, les possédés étaient délivrés ; tous les maux y trouvaient un remède prompt et infaillible Les prisonniers eux-mêmes, invoquant la vierge sainte, se sentaient soulagés dans leurs souffrances, et plus d'une fois la mort recula devant la protection de sainte Tanche. Qui ne glorifierait le Seigneur dans ses saints? Qui n'admirerait les merveilleuses opérations de sa grâce toute-puissante?

Un jeune homme est attaqué d'une affreuse maladie. Ses membres, froids, sont sans énergie ; tout son corps est dans le plus complet état d'anéantissement, et sa famille en larmes se presse autour de son lit de douleur... Mais cessez de pleurer, de gémir, parents affligés. Entre tous les amis du malade se trouve un pieux et fervent chrétien. Poussé par un mouvement de la grâce, il conseille de mener le jeune infirme au tombeau de sainte Tanche. On goûte cette avis salutaire et on le met à execution. On conduit donc le mo-

ribond dans l'humble église de Lhuître.
Les prières les plus ardentes sont
adressées au Ciel pour sa délivrance.
Le ministre des autels offre pour lui
l'adorable sacrifice. Tanche fermera-
t-elle l'oreille à tant de larmes, à tant
de supplications ? Jamais..... Le Ciel
se laisse fléchir : la miséricorde prend
la place de la justice, et le jeune
homme, tout-à-l'heure désespéré, re-
couvre avec une santé parfaite le libre
exercice de tous ses membres.

Un noble gentilhomme de Boulogne-
la-Grasse, chevalier des guerres saintes,
tombe entre les mains des infidèles.
Les plus durs tourments, la prison, la
mort peut-être, voilà son partage. De
lourdes chaînes le retiennent captif ;
ses épaules sont chargées d'un énorme
collier de fer, et dans cet état il doit
essuyer chaque jour les outrages et les

mauvais traitememts de ses cruels geô-
liers. — Mais si le bras des hommes
lui fait défaut, s'il a perdu l'espérance
de recevoir jamais de sa patrie aucun
secours, il lèvera vers le Ciel ses mains
suppliantes. Dans sa prison il entend
parler des merveilles opérées par l'intercession de sainte Tanche. Il conjure
donc le Seigneur, par les mérites et la
médiation de la vierge, de vouloir bien
briser ses fers, de lui rendre la liberté,
de lui permettre de revoir une fois encore son pays bien-aimé et le vieux
manoir de ses pères. — Soudain ses
chaînes tombent comme par enchante-
ment : il est libre. Il vole à la porte
du cachot, elle s'ouvre devant lui ; il
s'enfuit à travers la campagne : il est
sauvé. Et à quelque temps de là on
voyait un valeureux guerrier agenouillé
sur la tombe vénérée de Tanche. C'é-

tait le chevalier de Boulogne : il venait rendre un public hommage à sa
libératrice.

Poursuivons. — Un jeune enfant de
Vitry, au diocèse de Châlons-sur-Marne,
était si horriblement travaillé d'un flux
de sang, que nul remède ne pouvait
arrêter le mal. Sa tendre mère, mou-
rante de douleur, apprend les guérisons
nombreuses opérées par le secours de
sainte Tanche Aussitôt elle voue son
enfant à la vierge de Lhuître, et se met
en route avec lui pour le modeste village. — Elle arrive, elle se prosterne
au pied de l'autel ; elle prie. Mais ce
sang, loin de s'arrêter, s'écoule avec
une telle violence, de la bouche, des
narines, de tous les conduits du corps,
que tout espoir de guérison s'évanouit.
L'enfant expire. Déjà on préparait son
linceul et sa tombe, déjà on se dispo-

sait à l'ensevelir..... O Tanche! ô glorieuse vierge! ne manifesterez-vous pas votre puissance et votre bonté?.... Soudain la mère désolée, comme éclairée par une lumière d'en haut, prend une résolution.. Elle supplie que pour grâce et pour ressource dernière on place l'enfant sur le tombeau de la martyre. On cède à ses larmes ; on chante des psaumes et des hymnes à l'honneur de la vierge, et la foule se dirige avec le corps inanimé vers le lieu où reposent ses reliques. Le prêtre offre l'adorable sacrifice... O prodige! ô merveille! Le ministre saint venait de commencer l'offrande du pain et du vin. Tout-à-coup la vie revient dans les membres déjà glacés du mort ; il se lève, il marche, il parle en présence d'une multitude de peuple ; il court se jeter entre les bras de sa mère, de sa

pieuse mère, ivre de joie et de bonheur ; il demande de la nourriture ; il
ne ressent plus rien de son infirmité
passée, et depuis on l'a vu toujours
plein de vigueur et de santé.

Dans les guerres sanglantes et si
souvent répétées de seigneurs à seigneurs au moyen-âge, quelques soldats
détachés du reste de leurs compagnons tombèrent à l'improviste sur le
village de Lhuître. Ne trouvant rien à
piller dans les maisons, ils supposèrent
que les habitants avaient caché leur argent et leurs vivres dans l'église du
lieu, et ils demandèrent à leurs chefs,
les comtes Raoul et Daimbert, la permission de pénétrer dans le temple
pour y faire des recherches. Ces seigneurs, redoutant par dessus tout de
s'attirer le courroux de sainte Tanche,
s'opposèrent constamment à ce des-

sein. Mais trois soldats plus audacieux et plus impies que les autres ne firent aucun cas de cette défense. — Cependant les habitants, en larmes, priaient autour du tombeau sacré de leur patronne, et, pour défendre l'entrée de l'église contre la force et la violence, ils avaient mis la châsse de la vierge martyre au devant de la porte principale. Cette barrière révérée n'arrêta pas les sacriléges profanateurs. L'un des trois, ayant enfoncé la porte, ne craignit pas de sauter par dessus les précieuses reliques. La punition du Ciel ne se fit pas attendre. Il tombe à la renverse, se fracasse la tête, et reste à demi-mort sur le pavé. Le second, voulant faire de même, éprouve aussitôt le même châtiment. Le troisième, épouvanté sans doute par le sort funeste de ses deux compagnons, craignit de franchir ce redoutable passage. Mais ouvrant avec violence une porte latérale, il essaie de pénétrer par cet endroit dans l'église, en y poussant sa monture. O nouveau prodige ! voici que devant lui se présente la sainte elle-même, toute resplendissante de gloire et de majesté. Elle arrête le téméraire cavalier, et la verge en main commence à le châtier si rudement, qu'il demeure presque sans vie sur le seuil du temple. A cette vue toute la foule se prosterne à genoux, partagée entre la frayeur et la vénération.... Quant aux malheureux soldats frappés d'une vengeance si manifeste, ils rougissent de leur sacrilége, ils supplien: le Seigneur et sa fidèle servante de vouloir bien leur pardonner leur crime, promettant du fond du cœur de témoigner désormais plus de respect pour les églises, pour les reliques des saints, et surtout pour celle de la vierge de Lhuître. Alors la bienheureuse martyre leur apparut derechef; elle leur dit que la miséricorde de Dieu leur avait pardonné, mais que dorénavant ils eussent à ne mettre jamais la main sur les choses saintes. Et sur-le-champ les trois soldats, se levant guéris, s'en allèrent racontant en tous lieux la puissance et la bonté infinies de Tanche. Ils disaient comment en un instant ils avaient été abattus et relevés, châtiés et guéris. De quoi gloire et honneur vous soient rendus à jamais, ô adorable Trinité, Père, Fils, et Saint-Esprit.

Nous ne pouvons résister à la tentation de citer encore un fait merveilleux que nous trouvons dans le pieux et savant Desguerrois : fait qui se passa de son vivant, et qui prouve une fois de plus comment Dieu sait atteindre les usurpateurs sacriléges des biens qui lui sont consacrés.

Un gentilhomme champenois, homme impie, dur, injuste envers ses vassaux,qu'il rançonnait impitoyablement, bâtissait du fruit de ses rapines un orgueilleux manoir. C'était à trois lieues seulement de Lhuître Or, passant un jour près de l'église de ce village, il remarqua quantité de matériaux amoncelés là, prêts et destinés à la réparation de l'édifice, et il jugea qu'ils entreraient parfaitement dans la construction qu'il venait de commencer. Vainement lui représenta-t-on que c'était là un vol abominable, que ces matériaux étaient sacrés, enfin que sainte Tanche, à qui ils appartenaient, le poursuivrait infailliblement de sa vengeance : il ferma l'oreille à tous ces avertissements. Mais la punition suivit de près le crime.

C'était l'époque de la Saint-Jean-Baptiste de l'année 1610. Soudain une maladie aiguë s'empare du profanateur. En peu d'instants le mal est devenu mortel. Le ministre du Seigneur s'empresse alors d'aller trouver le moribond. Il l'exhorte à mettre ordre à sa conscience; il l'engage à se préparer, par la réception des sacrements de pénitence et d'eucharistie, à comparaître au tribunal du souverain Juge. Tout fut inutile. Plus on lui parlait de Dieu et des fins dernières, plus il s'emportait en injures et en blasphêmes, déclarant à grands cris qu'il était damné. Il souffrait horriblement. Tout son corps, pâle et livide, était agité de convulsions violentes. Il ne parlait que de démons, de flammes, de supplices.

Enfin, après une affreuse agonie où il eut à endurer d'épouvantables tourments, il s'écria : « J'ai profané les choses saintes, j'ai osé porter une main sacrilége sur ce qui n'appartenait qu'à Dieu seul, j'ai pillé le sanctuaire et le temple de sainte Tanche : je suis justement puni, Et maintenant je vais continuer pour l'éternité un enfer que j'ai commencé dès cette vie. » A ces mots il expira, et son âme s'échappa de son corps pour devenir la proie des démons.........

Telle est l'histoire de la vie et de la mort de sainte Tanche : voilà ce que nous ont laissé les anciens récits sur cette vierge glorieuse, dont le nom ne périra jamais..... En terminant cet exposé simple et rapide, repassons encore une fois les vertus admirables dont elle nous a laissé de si grands exemples. Tout en elle en effet ne nous prêche-t-il pas le détachement des choses d'ici-bas et l'ardeur la plus vive pour les biens immortels de l'autre vie? — Tout ne nous dit-il pas que nous ne sommes que des étrangers en ce monde, et que le ciel seul est notre patrie véritable? Qui n'admirerait son obéissance envers ses parents, sa docilité, son amour du travail, sa modestie, sa pénitence? Mais cette longue et terrible lutte qu'elle eut à soutenir contre l'enfer pour la conservation de sa virginité, voilà sans contredit son plus beau titre de gloire. Elle fut du nombre de ces généreux confesseurs dont parlait l'Apôtre quand il disait : Ils ont combattu jusqu'à verser leur sang....... Jeunes filles chrétiennes, quel illustre modèle à imiter ! !

Jadis on voyait près de Lhuître deux

chapelles dédiées à sainte Tanche. L'une, assez belle, construite en pierre et couverte en ardoises, avec des fenêtres régulières, était bâtie à l'endroit même ou la martyre expira. C'est là que se faisait le service divin, le jour anniversaire de sa mort précieuse, ainsi que le dimanche suivant. L'autre chapelle, plus ancienne et moins belle, n'était cependant pas sans intérêt. Elle était de bois, couverte en tuiles, avec des ouvertures disposées symétriquement. C'était un petit monument à la façon antique ; elle avait été élevée par les Anglais à l'époque de leur domination en France. Plusieurs même prétendent que, frappés des miracles nombreux opérés par l'intercession de sainte Tanche, ils emportèrent de ses reliques en Angleterre, mais ce fait est fort douteux.

La fête de la vierge de Lhuître s'est toujours célébrée le dixième jour d'octobre. — Les martyrologes de Troyes, de Montier-la-Celle et de Saint-Loup, en font mention ce même jour. — Molanus, dans les additions qu'il a faites au martyrologe d'Usuard, en parle aussi, sous ce titre ; *Trecas, passio sanctæ Tanchæ virginis* : A Troyes, martyre de sainte Tanche.

L'église de Lhuître est demeurée fort longtemps en possession des reliques de sainte Tanche. — Plus tard elles furent enlevées de ce lieu, en partie, probablement pour être transférées à Troyes. Ce qui nous le ferait croire, c'est qu'avant la grande révolution, on conservait encore dans l'ancienne abbaye de Notre-Dame-aux-Nonnains le chef de la vierge, richement enchâssé dans un reliquaire d'argent.

Outre la fête de sainte Tanche, marquée au 10 d'octobre, il y en a une autre qui tombe le 15 d'avril. C'est la fête de la Translation des reliques de la martyre. — Mais la première est la plus solennelle. Elle se célèbre sous le rit double de première classe ; elle a une octave ; elle était chômée jadis pendant plusieurs jours. — Enfin c'est celle-là que les pieux fidèles ont toujours choisie pour leurs pèlerinages au tombeau de leur puissante protectrice, de celle que, dans l'ardeur de leur foi, ils aimaient à nommer leur refuge infaillible et leur plus sûre espérance.

FIN.

LITANIES

DE

SAINTE TANCHE.

Seigneur, ayez pitié de nous.
Christ, ayez pitié de nous.
Seigneur, ayez pitié de nous.
Christ, écoutez-nous.
Christ, exaucez-nous.
Père céleste, qui êtes Dieu, ayez pitié
de nous.
Fils, Rédempteur du monde, qui êtes
Dieu, ayez pitié de nous.
Esprit-Saint, qui êtes Dieu, ayez pité
de nous.

Trinité sainte, qui êtes un seul Dieu, ayez pitié de nous.

Sainte Marie, priez pour nous.

Sainte Tanche,

Vous, qui avez méprisé le monde,

Vous, qui avez fait vos délices de la chasteté,

Vous, qui avez été comblée de bienfaits,

Vous, dont la foi et l'espérance ont été inébranlables,

Vous, dont la charité était admirable,

Vous, qui vous êtes rendue vierge d'honneur et de vénération,

Vous, qui êtes demeurée inébranlable dans l'affliction,

Vous, qui êtes la ressource des pauvres,

Vous, qui êtes protectrice des fidèles,

Vous, qui êtes une pierre précieuse,

Vous, qui êtes notre patronne,

Vous, qui êtes un modèle de con-
    duite,
Vous, qui êtes notre honneur et
    notre refuge,
Vous, qui vous intéressez au peu-
    ple de Dieu,
Vous, dont nous avons éprouvé les
    miracles au milieu de nous,
Afin que Dieu ait pitié de nous,
Afin que nous soyons trouvés fidè-
    les dans nos actions,
Afin que nous craignions Dieu dans
    la simplicité de notre cœur,
Afin que notre charité augmente
    de jour en jonr,
Afin que nous vivions dans l'espé-
    rance et la justice,
Afin que nous goûtions les biens
    du ciel,
Afin que l'on ne connaisse parmi
    nous aucune impureté,
Afin que nous vivions en paix avec
    notre prochain,

Priez pour nous.

Afin que nous ne nous laissions point aller aux paroles trompeuses et malignes,

Afin que nous vous demandions notre pain dans la paix et la justice,

Afin que nous ne succombions point à la tentation,

Afin que Dieu nous bénisse et nous préserve de maladie,

Afin que l'Eglise conserve ses enfants,

Afin que notre évêque, dans la bonté de son cœur, se rende agréable à Dieu avec le troupeau qui lui est confié,

Agneau de Dieu, qui effacez les péchés du monde, pardonnez-nous, Seigneur.

Agneau de Dieu, qui effacez les péchés du monde, exaucez-nous, Seigneur.

Agneau de Dieu, qui effacez les péchés du monde, ayez pitié de nous, Seigneur.

Priez pour nous, sainte Tanche,
Afin que nous soyons faits dignes des promesses de Jésus-Crist.

ORAISON.

Nous vous prions, Dieu éternel, par l'intercession de sainte Tanche, vierge et martyre, votre fidèle servante, de nous combler de vos grâces et de bénir notre vie, par Jésus-Christ notre Seigneur. Ainsi soit-il.

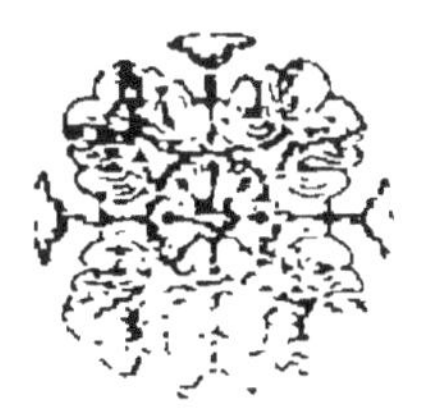